AF599392

NOVIEMBRE DESORDENADO

Juan Antonio González

Aliarediciones

Corrección: Eladia Guerrero
Ilustración de cubierta: Agustín Aragón Ahumada
Maquetación: Aliar Ediciones

Depósito Legal: GR 564-2025
ISBN: 979-13-87590-96-3

Impreso en España

MIXTO
Papel | Apoyando la silvicultura responsable
FSC® C127630

Edita
ALIAR Ediciones
www.aliarediciones.es
info@aliarediciones.es

NOVIEMBRE DESORDENADO

Juan Antonio González

A Charo, la sonrisa serena.
Para Matteo, con tu mirada la vida es diferente.
A Carmen, por cruzarnos en el camino.

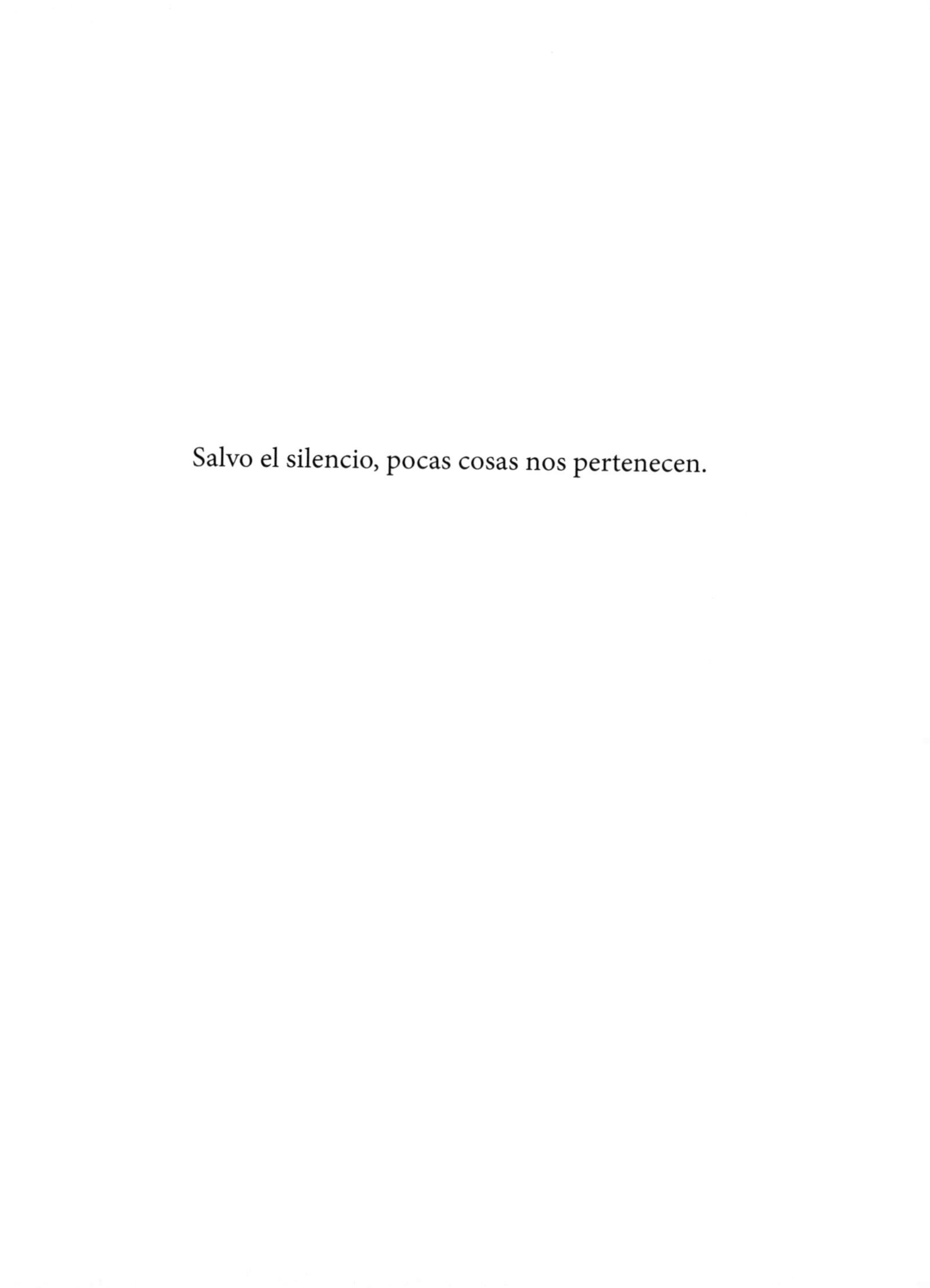

Salvo el silencio, pocas cosas nos pertenecen.

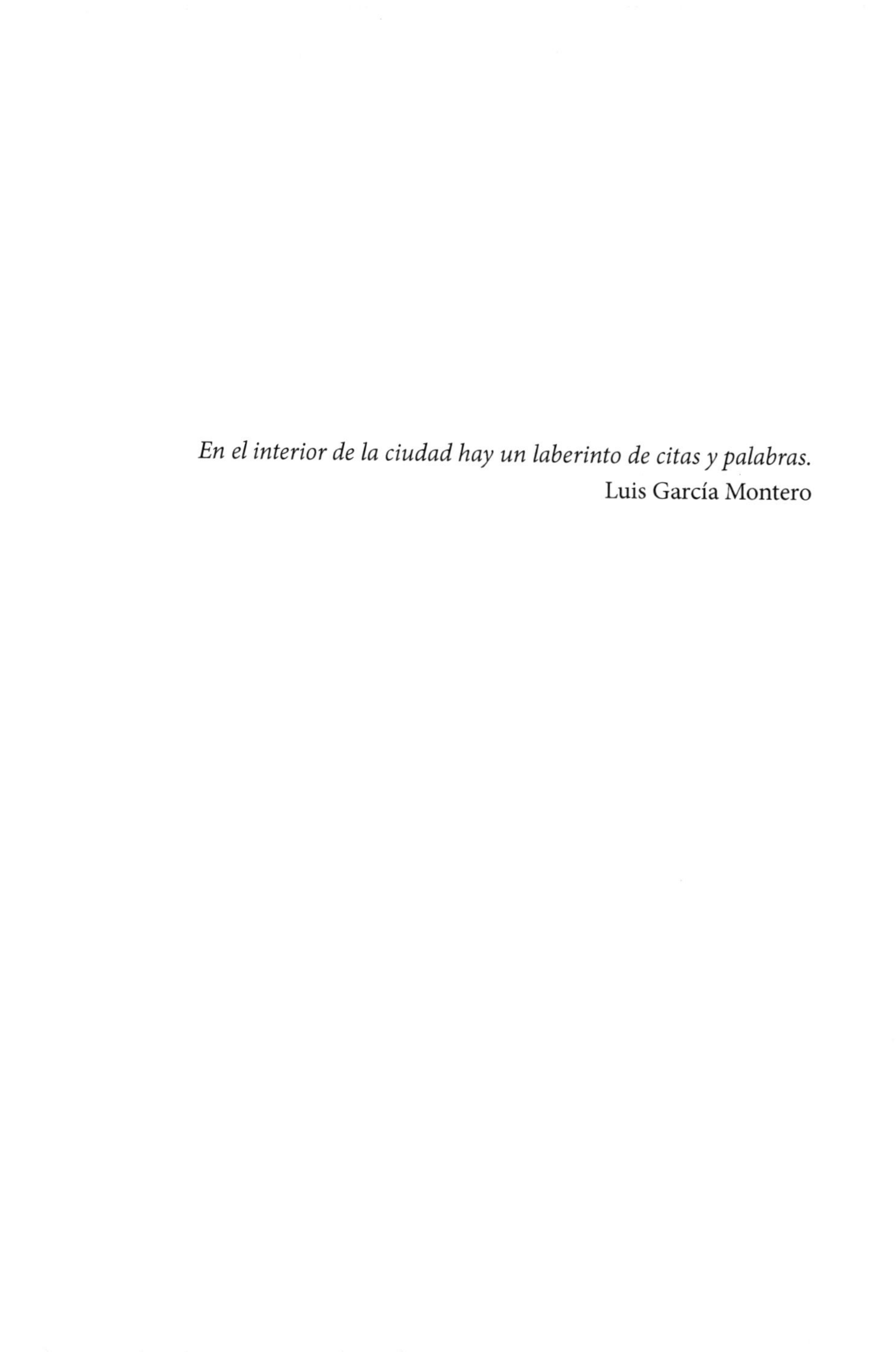

En el interior de la ciudad hay un laberinto de citas y palabras.

Luis García Montero

CARRETERA SECUNDARIA DE 1.ª CLASE

DEBO ser de los pocos que nunca han estado en Colliure, en Nueva York o en Tokio. De los pocos que jamás han visitado las cataratas del Iguazú, las pirámides de Egipto ni la Gran Muralla china. De los pocos que no han lanzado una moneda a la Fontana di Trevi para regresar a Roma, ni probado los churros con chocolate en Madrid, ni comido *fish and chips* en Londres.

En mi álbum de fotografías no aparecen retratos de una sonrisa con la Torre Eiffel de fondo. Tampoco subido en la parte superior de un autobús descapotable recorriendo las calles de Sevilla. Y, menos aún, caminando sobre las líneas de colores de esas ciudades empeñadas en llevarte por el camino que ellas quieren. En el libro donde colecciono instantes, solo conservo los lugares donde estoy de tránsito, los amores pasajeros de madrugadas, las calles empedradas con el rastro de desconocidos y todos esos recuerdos que la memoria ha decidido almacenar antes de que comiencen los primeros cortocircuitos del cerebro.

El paisaje de mi último destino fue un pueblo con nombre de pasado, al que llegué por una carretera secundaria con el asfalto agrietado, sin arcén y las cunetas llenas de hierbas y jaramagos. Un lugar sin cartel de bienvenida, pero donde las sábanas blancas colgaban de los tendederos bajo las ventanas de esos pisos construidos en aquella España de la posguerra. Un lugar donde un perro me recibió con ladridos por defender su territorio de un extraño como yo, pero donde los vecinos me daban los buenos días al cruzarse en mi camino.

Hoy he despertado en la habitación de este hotel de dos estrellas. El olor a madera de la mesilla de noche contrasta con el aroma de otra ropa que hace pocas horas estaba en las perchas de este armario de caoba. Desde esta cama compartida de sueños, pesadillas, sexo y fiebre, observo el cielo oscuro que espera el amanecer. Abro la ventana. El aire húmedo del otoño se cuela para recordarme que estoy aquí de paso.

Salgo a la calle. No quiero guías turísticos que me muestren este pueblo como un escaparate repleto de adornos. Prefiero lo cotidiano. Los planos de este lugar donde ocultan las miserias de sus callejones. Las casapuertas de besos furtivos y caricias a escondidas. El bar del polígono industrial. El cambio de guardia del conductor de la ambulancia. Los policías en la barra de una tasca saboreando el primer café de la mañana, antes de patear las calles en busca de maleantes. Los albañiles fumando un último cigarro antes de subir a los andamios y construir los palacios de cristal para esos esclavos condenados de por vida a los bancos.

Hoy, como todos los días, soy un simple caminante que va de un lugar a otro, el nómada de un tiempo que me ha tocado vivir.

CIUDAD DE PASO

ME marcho.
De nuevo me marcho
con la llave del regreso
en el fondo del bolsillo;
me marcho,
pero no sé cómo escapar de ti,
de tus luces y tus sombras,
del aire irrespirable
que llena mis pulmones.

Me marcho.
No me giro para observarte.
Sabes mejor que nadie
cómo dejar la mirada turbia
con los ojos encharcados;
cómo abandonar mi boca seca
de quemar tus noches a besos
y despertar en una calle cualquiera,
una calle cuyo nombre no pronuncio
por el anonimato de volver a ti.

Me marcho.
Me marcho y escribo con minúscula un adiós
que no quiere ser una despedida,
un hasta pronto convertido en eterno
porque fuiste mi ciudad de paso.

De paso, Madrid,
me quedé en ti.

BREVES NOTAS VERANIEGAS

LA playa despierta cada mañana
con ese ejército de invasores:
falsos buscadores de tesoros
convertidos en Indiana Jones
de camiseta y bañador;
exploradores de monedas de 20 céntimos,
latas de cervezas
y algún anillo de bisutería
con el nombre difuminado por la desidia;
profanadores de los clavos oxidados
                                        sobre un trozo de madera
que la mar abandonó en la prisión de tu orilla
hace cinco años y día.

Los trasnochadores,
ebrios de estrellas fugaces,
permanecen impasibles ante el ruido del tractor.
            Mientras tanto,
las gaviotas devoran las bolsas de basura,
carroñeras de los restos de una comida
abandonada por esos que clavan sus sombrillas
como conquistadores de una nueva tierra.

Amanece *playeando*.

EN EL BANCO CON MACHADO

SE me rompen los poemas a tu lado.

Busco dos versos en esta primavera gélida
que despide mayo
y espera con ansiedad la Noche de San Juan.

Sentado junto a ti
observo a la gente su manera de caminar,
la pausa del barrendero con la escoba,
el deambular de los niños
que ya no juegan al escondite
de casapuerta en casapuerta;
las prisas del repartidor de correos,
que solo entrega avisos de cobro
y no recuerda aquellas cartas de amor.

En esta Baeza de horizonte verde,
molienda y aceituna,
nunca olvidaré aquella tarde
cuando vi el mundo
a través de tus versos,
cuando me enseñaste que el futuro
no tiene presente sin pasado.

COBIJADAS

BAJO el velo oculta su rostro.
Cuando llega el atardecer,
desde la atalaya vigila la despedida del sol
y la venida de otra noche de luna llena.
Impasible, en el balcón de casas blancas,
observa los callejones, las cuestas de la judería;
espera en silencio el regreso de ese hombre,
el viajero de tez morena y lengua extranjera.

En su boca, donde florece la primavera
y nace una oración de sus labios,
vive clandestino el nombre de su amante.
En su cabello, recogido bajo ese pañuelo,
ha enredado la lujuria del deseo
las caricias de unos dedos
[temblorosos.

Por las calles encaladas de Vejer
camino detrás de sus pasos.
No conozco su nombre,
pero recuerdo cruzar la mirada
con los ojos de aquella mujer.

UN DISFRAZ SIN ANTIFACES

¡CÁDIZ!
mi Gades perpetua Gadir.

No seré yo quien te cante
ni escriba un verso,
tampoco quien golpee con los nudillos
sobre la barra del bar de la esquina.

No seré un intruso atrevido de letras.
            Tú ya tienes a tus poetas,
esos escritores de cuartetas,
pasodobles y cuplés;
tus músicos callejeros
con punteos y estribillos imposibles,
de guitarras al compás
                        de un bombo y una caja
con las notas de un tanguillo.

¿Por qué debo ser yo?
            Serán otros.
Ellos vendrán para hablar
de las piedras ocultas bajo tu suelo,
de la Puerta de tus murallas
como una ciudad abierta,
                        escondida
en las calles del viejo barrio.

Pero no lo olvides,
serán impostores llegados de otras tierras,
cuentistas de la página de una historia
reclamada por extraños.

Sin embargo, aquí me tienes,
con el temblor en el cuerpo
            mirándote a la cara,
como todos aquellos que, cada mañana,
nos disfrazamos sin ocultar los ojos con antifaces.

A VECES, LA CLANDESTINIDAD

ELLA tiene un nombre con mil nombres.

No existe buzón en el número 40
de la calle de la Incógnita,
donde el cartero deje cartas de amor sin remitente
ni besos escondidos en la publicidad engañosa
de un folleto con letra pequeña.

Ella tiene mil rostros invisibles
cuando se cruza en mi camino.

El ascensor se detiene.
En el rellano de la tercera planta,
las facturas de la luz se acumulan
bajo la puerta de madera,
carcomida por las uñas de los lobos
que huyen cada noche a hurtadillas.

Ella dibuja sombras alrededor de la miseria.

El taxista, que acelera sus cuerdas vocales
a ciento ochenta palabras por minuto,
cobra en efectivo a otro cliente.
El sexo clandestino toca el timbre.
En el portero automático,
el 3.º B está oculto a la vista de todos.

ANIMALARIO I

Una cosa que nunca falla es el error.

**

Vivo sin vivir en mí (ahí comenzó toda la polémica).

**

Las buenas personas están en peligro de extinción.

**

Un margen de tiempo a la impuntualidad.

**

Un beso: dos bocas que viven una odisea en el espacio.

**

Algunos fantasmas regresan sin planchar las sábanas.

**

Los fragmentos no dejan huella, pero no pises los cristales rotos.

**

A pesar del viento, algunas palabras deciden quedarse.

VELO DE FLOR

ENTRE poniente y levante.

Durante mis días abandonados
recorrí tus calles del Barrio Bajo,
pinté con tiza sobre los mostradores de las tabernas,
dibujé garabatos de un corazón
en el serrín arrojado sobre el suelo;
olvidé los recuerdos difusos de la niñez
entre botas y soleras.

Mis pasos han envejecido
sobre la tierra albariza.
            Mis ojos,
hundidos en este rostro de telarañas
quemado por el sol del norte,
guardan la memoria.

Con las ventanas abiertas
en la penumbra de la noche
la primavera escucha el murmullo del río.
Le habla a ese mar que espera impaciente
en ese encuentro llamado destino,
donde vida y muerte unen sus caminos.

Entre levante y poniente.

PERIFERIA

EL pueblo siente vergüenza de ser pueblo.
El alcalde quiere olvidar sus calles estrechas
y vacías en invierno,
los escaparates empapelados de mugre,
la soledad de los ancianos sentados en los bancos.

Hay que cuadrar la caja del presupuesto para ser modernos,
recaudar una tasa por pintar las fachadas desconchadas,
ocultas tras las sábanas colgadas en las ventanas
como banderas que anuncian la rendición.

Las grúas trazan el perfil
de este aspirante a *new polis.*
Crece y crece el pueblo
con tierras colonizadas por el hormigón,
como los círculos concéntricos
que deja una piedra lanzada al agua.

El regidor absolverá el olvido con homenajes y placas,
bautizará las nuevas calles con nombres del pasado
en este naciente universo urbano
donde la gente no pasea por el extrarradio.

Esa es la otra ciudad,
la de aprendices de ricos
supervivientes en palacios adosados
con la naturaleza enjaulada en un parque.

Muere y muere,
la urbe desangra el corazón
de la historia de un pueblo que no quiere ser pueblo.

COCHE 2184

UN andén sin despedidas.
La hora de otro destino.
El sonido de las maletas.
Los bancos vacíos observan
              a los pasajeros sentados en el suelo.
Ya no existe jefe de estación que grita:
                    «Viajeros al tren».

Número de asiento: 2D.
El revisor con presbicia
                    y gafas de sol.

Los móviles no callan.
Auriculares de un solo uso.
Ordenadores, *tablets*, periódicos sin papel.
Libros que se abren y cierran
              de historias sin comienzo ni final.

La cafetería sin aforo máximo.
Pasillos de ida y vuelta
              para buscar la soledad en el aseo.

248 km/h. Velocidad máxima.
Paisajes: casas abandonadas, pueblos sin niños.
                    —Cruzamos un túnel—.
Un bebé comienza a llorar,
sus padres se miran.
La mujer de negocios: contrato cerrado.

Cinco minutos para llegar.
Polígonos industriales, circunvalaciones.
Las vías se cruzan.
Los cables enredados en el cielo de la ciudad.

La impaciencia nunca permanece sentada.
No olviden su equipaje.
Próxima estación: asaltar las calles sin planes,
el poema a mi otra ciudad.

LOLITA'S PUB

YA no queda recuerdo
del aire irrespirable del tabaco.

Tampoco se oye el punteo
en la guitarra de Mark Knopfler.

Ni el poeta borracho al final de la barra
escribe versos en invierno
a las putas venidas al amanecer
para tomarse un café con hielo.

Bajo la tenue luz de una lámpara
mis labios acarician sus pómulos.
Dos besos de nueve milímetros Parabellum
codician la boca prohibida de la mujer
sentada en un rincón del Lolita's Pub.

Ambos sabemos que la noche
acaba de comenzar.
En la recámara de la Browning Colt
espera la mordedura en el cuello de los zorros,
esos hambrientos que salen cada madrugada
en busca de una presa para saciar la ira
y hallar la muerte en su propia ruleta rusa.

CONOCIDOS ANÓNIMOS

A Román Lokati

REGRESO al paisaje urbano
de una plaza con apodo que me recuerda a pueblo,
al bar olvidado en fotografías sin color,
a la parada de taxis sin taxímetros,
a los *correores* buscando veraneantes
y marineros de reemplazo.

Retorno al mismo lugar.
No reconozco los rostros
de los peregrinos tras las campanadas
de una iglesia sin campanario;
ni los caminantes, hipnotizados por esos aparatos,
que han desterrado a la cabina de un teléfono
donde alguien susurró
un te quiero a un amor de verano.

Vuelvo a ti,
al balcón de esa playa de la Costilla,
asomada al mar para mirar el horizonte
donde el tiempo siempre juega a su favor.

Y en este septiembre callado
solo me quedan
                las siluetas que hacen del silencio
                                        una conversación,

los curiosos miradores de reojo,
transeúntes perennes del estío.

Somos unos conocidos anónimos.

dejen todo en el beso
gasten el coito único
destrúyanse

Mario Benedetti

NOVIEMBRE DESORDENADO

ME dirijo a ti, al que está sentado en la segunda fila a la derecha. A ti, la pelirroja que pretende ocultarse detrás de ese señor de barba poblada situado en mitad de la sala. Y a ti también, el que está de pie en el fondo con la chaqueta verde, las manos en los bolsillos y el hombro apoyado en esa falsa columna griega. Os voy a decir una cosa: no creeros nada.

Saramago tenía razón cuando decía: «Convencer es una falta de respeto, porque es un intento de colonización del otro». Me río, no por lo que dijo el autor del Evangelio moderno, sino porque lo he leído en Google y tal vez sea falso. Pero si no lo dijo él, tampoco me importa. Comulgo con la idea de esa cita. *Convencer* parece un verbo amable, pero guarda la victoria de unos frente a la derrota de otros. Y en esa historia de vencedores y perdedores no se encuentra mi mundo. Porque mi mundo no es lo que otros se empeñan en que sea. Por esa razón, no creas todo lo que te cuentan, todo lo que te dicen, todo lo que aparentemente ves, porque alguien procura enseñarte lo que quieren que tú mires al mismo tiempo que te observan.

Lo que sucede cada día a las ocho de la noche —sonrío, porque hace dos meses eran la ocho de la tarde— es solo una parte de la historia.

Mientras las calles son un infierno donde arden los contenedores de basura, la gente grita con insultos y enarbola banderas desposeídas de sus símbolos; mientras suenan las sirenas de las ambulancias, los coches de la policía iluminan de añil las esquinas y los antidisturbios se despliegan ante las bengalas con los gases lacrimógenos, desde la ventana de la quinta planta de este hotel todo se ve diferente. Hemos apagado las luces, descorrido las cortinas, y la tímida claridad de la luna creciente se cuela en la habitación. Aquí arriba, arde el fuego azul de este otoño envenenado, donde hemos dejado que la nostalgia mude su piel de serpiente; hemos enterrado con besos el odio que nuestras bocas exhalaron un día con aquellas palabras que nunca debimos pronunciarnos. Y las caricias han regresado a este refugio donde el invierno se asoma mientras esperamos que la lluvia nos hable.

Mañana será otro día. Y aquí estaremos los dos, en nuestro propio noviembre desordenado, cuando las tardes pierden el equilibrio en este andén del tiempo.

LA TIENDA DE ANTIGÜEDADES DE LA CALLE LEVANTE

QUIZÁS no te hayas percatado.
En la caja de la última mudanza
guardo *La dolce vita* de *Fellini*
que no devolvimos al videoclub;
las facturas de aquellos muebles de nogal,
mezcladas entre los manuales de instrucciones
de cientos de cachivaches y el de una cafetera
que no deja el aroma a café cada mañana.

Tal vez ni te hayas fijado.
Sobre la estantería del salón
he colocado los discos de vinilo,
menos el de Supertramp,
que prestamos a unos amigos
a los que no vemos desde hace veinte años.

Me gustaría decirte
que las cosas cambiarán.

Dentro de un cubo de zinc
he quemado aquellas cartas
llenas de tachaduras
con letras ilegibles de despedidas.

He arrojado al cesto de la ropa sucia
los pantalones vaqueros,

comprados en aquella tienda en liquidación
donde colgaron un cartel con el anuncio de
Se traspasa.

Y sobre la mesilla de noche
he dejado el libro de Ángel González,
con el marcapáginas en los versos de nuestro poema:
Mientras tú existas.

BARBITÚRICO PLACEBO

PARA el desamor
no existe terapia de grupo,
es todo cuestión de tiempo.

Como buenos adictos a la dopamina, oxitocina
y noradrenalina,
            en cualquier momento
volveremos a recaer en el siguiente capítulo.

Continuará…

INTIMIDADES DE UN ESPEJO

Anoche, en el cajón de la cómoda,
rebusqué las cartas que nos enviamos
cuando la distancia hablaba de amor;
saqué del álbum las fotografías
                                        de aquellos momentos
cuando no pensaban en el futuro.

Anoche, entre las sábanas con olor a naftalina,
encontré aquellos cuentos de hadas
donde las princesas, con tacones de cristal,
viajaban en calabazas convertidas en carruajes,
              mientras hoy
las niñas corren por las bocas del metro
abiertas al amanecer.

Esta mañana,
en el espejo donde te has mirado
he visto el contorno de tus labios,
ese destino lleno de pecados;
he observado la boca perfilada
con el carmín de una rosa
florecida en invierno.
Y tus ojos,
              esos ojos marrones,
han cambiado,
no recuerdan el rímel deslizado en tu rostro.

En más de una ocasión,
tras la mirilla he visto
cómo se alejan tus pasos,
tu manera de bajar las escaleras
sin detenerte en el rellano.
Es difícil, lo sé,
ya no puedo tomarte del brazo
ni besar tu mejilla antes de la medianoche,
pero no quiero olvidar cuando me dabas la mano.

Desde la cama vacía,
con el vaho en la ventana,
escucho con los auriculares
una canción imposible de tararear
porque mi garganta no traga saliva.
Tumbada en este lecho de estaciones
observo en los cuadros colgados en la pared
la mirada de dos mujeres.
El tiempo se derrama
en las arrugas de mi piel.

NO ME QUIERO IR

«Con cada frase yo te beso»
me escribiste en el tique del aparcamiento
de un aeropuerto
donde nuestros vuelos acababan de aterrizar.

Con el imperativo perfecto de tu sonrisa,
sin colocar los signos de exclamación,
tus labios susurraron:
«No, no te vayas».

Me rindo,
esto es una confesión.

Si alguna vez me olvido,
recuerda lo que te dije y que siempre callaba:
el reloj de nuestros encuentros,
con las manecillas de arena mojada,
tiene grabado en el bisel
un mensaje secreto en el destino:
«No me quiero ir de tu lado».

CON NOCTURNIDAD Y ALEGORÍA

TE invento cada noche,
esa noche nuestra
donde tu capa de superhéroe
vence a los malos de la película
ocultos bajo mi cama.

Te invento cada noche,
esa noche de moralejas sin cuentos,
de magia sin chisteras
donde las marionetas cobran vida
                                        en tus manos
y duermen a mi lado.

Te invento cada noche.
Pongo alas a mis demonios
para verte en esa máquina del tiempo,
entre los sueños atrapados en las redes
                                        lanzadas al mar.

Te invento cada noche.
Dibujo tu nombre en mi ventana
y al despertar
descubro una palabra: volveré.

ABREVIATURA

LOS besos dejaron de existir
cuando los convertimos en un etcétera.

TU HOMBRO IZQUIERDO

CUANDO extiendo mi mano
tengo miedo a las sábanas frías,
a que no estén arrugadas
en esta cama deshecha.

Cuando rozo mis dedos
no quiero despertar
sin ver tu espalda desnuda,
sin acariciar tu nuca
mientras beso tu hombro izquierdo.

PLAGIO

NADA hace más daño como los besos
de dos bocas sedientas de odio
envenenadas por el hambre de la traición,
dos lenguas que no se buscan al despertar,
ocultas en una alcoba
con los tragaluces cerrados;
dos miradas como saetas clavadas en la espalda
cuando se dan las buenas noches
antes de marcharse a dormir.

Tenemos miedo a confesarlo.
Atrincheramos nuestras palabras
entre susurros insomnes,
caminantes descalzos sobre las cenizas
de un infierno al que abrimos las puertas
de par en par.

Tenemos sospechas al pensarlo.
Nada es tan real como las verdades inventadas.

Las fotografías son un plagio,
una mala copia de nuestros recuerdos,
el velado de un negativo
que tiramos a la basura del olvido.

En la pared
permanece la huella de lo que fuimos,
el óbito de dos náufragos
abandonados por el mar
en la orilla de una playa cualquiera.

ANIMALARIO II

Me dio su número de teléfono cuando nos quedamos sin palabras.

**

Con el panorama que tenemos en la Tierra, pensar que los extraterrestres quieren venir es puro egocentrismo planetario.

**

Lo mejor del regreso será la despedida.

**

Estamos a tiempo (el mensaje oculto en cualquier reloj).

**

Lea detenidamente mi silencio.

**

Verdades como puñetazos.

**

Nada: la única palabra que lo dice todo.

**

La hora justa siempre llega con retraso.

JUSTICIA DIVINA

I

UN calendario roto.
El día señalado.

Una mañana de febrero,
                    entre la niebla,
la locura se ha disfrazado de inocencia.
San Valentín ha muerto
apuñalado por la espalda.

II

Cupido camina esposado
por el corredor de la muerte,
arrastra los pies ensangrentados
entre flechas despuntadas
que reposan por los fracasos.

Cabizbajo,
el preso atado de manos
ninguna lágrima derrama.
El arquero
          —un ángel endemoniado—
siente en sus dedos el dolor de las llagas
abiertas cada noche por las pesadillas.

El veredicto de una justicia,
que alguien llamó divina, se ha cumplido.
A media tarde,
el hijo de Marte ha fallecido
en la cámara de gas.

ENCALAR EL OTOÑO

ATRÁS quedó el invierno
abrigado en la soledad de las noches
durante las horas interminables del insomnio.

Atrás olvidamos la primavera
de flores secas
dormidas sobre nuestra almohada.

Atrás se marchó la canícula de un verano
en el naufragio de un mar
sin besos con aromas a sal.

En cada estación
hemos pintado las paredes
para esconder las sombras,
cuando estuvieron sentadas
en el filo de nuestra cama
mirándonos en silencio.

Por fin, la luz asoma sobre el pretil.
En las azoteas llenas de tendederos
el levante acuna con timidez las sábanas,
las mismas que rompimos cada madrugada
con la ceguera de nuestros ojos
cuando las miradas estaban llenas de rencor.

Hoy, al amanecer,
hemos quitado las telarañas
que mecen bajo el dintel de la puerta
de nuestra habitación.

Esta mañana
hemos encalado nuestro otoño.

INTRUSISMO EN EL AMOR

EL pétalo no deshojado
de una margarita de plástico.

LA VOZ NOCTURNA

ME has arrancado noches
en auroras que nunca llegaron.

Asfixiado por el silencio de tu piel
pierdo la razón entre las sábanas
donde disimulo la improvisación
de tus manos que nunca me han rozado.

Me has arrancado madrugadas
donde desaparecieron las lunas de mayo,
cuando ahogaste la luz de una habitación
que esperó a la primavera.

En mi garganta, seca por el deseo,
se me desgarra la boca en la tragedia
de unos besos que mis labios ignoran.

Sin embargo, aquí sigo.
Todavía hoy
escucho tu voz.

CARTOGRAFÍA DE UNA HUIDA

Latitud 125° este.
Longitud 280° norte.

Hicimos de nuestros encuentros
un pasatiempo.
Saltamos azoteas y pretiles
para fugarnos a media tarde.
Durante la madrugada
bailamos un *twist* como en *Pulp Fiction,*
escuchamos un programa de música
y el LP rayado por nuestra primera canción.

Hicimos de nuestros encuentros
una huida.
Las bragas entre los cojines del sofá,
la única ropa interior que no te llevaste
del segundo cajón del armario.
Y el esmalte rojo del pintauñas
sigue guardado
entre mis cuchillas de afeitar.

Recuerda, nunca lo olvides,
las coordenadas del principio
son de la habitación de nuestro hotel preferido.

VEREDICTO DE CULPABILIDAD

ME considero culpable
de dibujar sobre el pupitre
el garabato de un corazón,
herido por una flecha sin punta.
Culpable de escribirte versos
en las puertas de los baños
de cada uno de los bares
que cada noche cerramos.

Me considero culpable
de llamarte a las cuatro de la madrugada,
despertar los pájaros a pedradas,
abrir las ventanas en otoño
y sacudir las sábanas
de las flores secas
que esparcimos durante el último verano.
Culpable de fumarnos a besos
lo que estaba escrito en una cajetilla
de cigarros americanos.

Me considero culpable
de escribir tu nombre
en el margen de un periódico
abandonado en la cafetería,
donde nos servían churros con chocolate
y un café frío con sacarina.
Culpable de vaciar el cajero de aquel banco,
arrojar las monedas a la fuente sin agua,

lanzar las botellas de cervezas
contra una señal de prohibido el paso.

Me considero culpable
de saltarme los semáforos en rojo,
cruzar la ciudad de noche,
romper las farolas de una calle sin salida.
Culpable de entrar en tu habitación
y robarte durante el desvelo
aquellos sueños imposibles de cumplir.

Me considero culpable
de lo que tú te declaras inocente.

INOCENTE DE PRESUNCIÓN

¿CÓMO se declara usted?

Inocente
de apuñalar por la espalda
al genio de la lámpara de hojalata,
de conspirar a medianoche
y vestir de luto a un príncipe azul
que baja de un coche
camino del desguace.

Inocente
de cortar las cuerdas de una guitarra
para ayudar al valiente,
escondido en las trincheras,
a que se ahorque en un árbol cualquiera;
de robar las sábanas de seda
de los tendederos,
para amortajar al suicida y esperar,
sentado en la terraza de un bar,
a que resucite en el decimoquinto día.

Inocente
de quemar las papeleras del parque
con el lanzallamas de un Zippo;
de arrojar a la basura
los certificados de defunción
de las palomas de la paz
asesinadas a perdigonazos.

Me declaro inocente
por una simple y pura presunción.

Al destino le gusta jugar a las canicas
y obviar todo el vacío en el que ha de caer,
tarde o temprano.

María Alcantarilla

LA COSTURERA DE LA SINGER

ME ha regalado su tiempo. Dicho así parece poca cosa. Tal vez, porque alguien piense que hablo de ese tiempo convertido en el discurrir de las agujas de un reloj. Un reloj usado a nuestro antojo. Donde jugamos con las manecillas en el albedrío de nuestro egoísmo. En donde unas veces atrasamos el minutero para comenzar una nueva cuenta atrás y, en otras ocasiones, lo adelantamos con la idea de robarle al sol algo más que un poco de luz.

Me ha entregado su tiempo. Lo ha hecho sin pedir nada a cambio. Con varios pespuntes ha sido capaz de convertir los pequeños momentos, casi inapreciables, en instantes unidos para siempre. Me ha concedido su tiempo con unos cuantos hilvanes que parecen distanciados por el paso de los días, de las semanas, de los años, pero que preparan lo que siempre está por llegar.

Ojalá pudiera decirte que la memoria no es frágil. Susurrarte al oído que los pensamientos dejaron atrás las tormentas que Cronos te ha guardado a lo largo de la vida. Que el destino, aunque permanece callado, tiene reservado para ti ese mar en calma que los dos siempre anhelamos cuando abandonamos nuestras propias tempestades. Pero en muchas ocasiones las palabras son simples espejismos, sombras invisibles para nuestros ojos. Y lo que el futuro nos depara nunca lo llegamos a imaginar.

¿Qué sucede, qué está pasando?

Ambiciono responder esta pregunta con una respuesta clara. Pero no tengo una contestación que despeje cualquier duda. Porque ninguna duda viene sola. Es como una de esas matrioskas. La incertidumbre aparece siempre en cada muñeca rusa que encontramos en su interior. Una figura dentro de otra es una incógnita convertida en una desesperación. Sin embargo, en algunos momentos parece un viaje íntimo que aparenta la oquedad del vacío que existe en cada una de ellas. Pero no. Prefiero pensar que esa duda es un agujero abierto ahora en el tiempo y que forma parte de mi inseguridad, de mis propios miedos. Porque tu mirada ausente no significa que tus ojos estén deshabitados.

Te observo. Sigues ahí. Cada tarde giras la rueda de esa máquina de coser, aceleras el pedal para que las costuras se sostengan en el tiempo. A pesar de estas lagunas que ahora llegan a tu memoria, has cosido alas de libélula a los recuerdos.

OTRO AÑO EN BARBECHO

A mi padre

YA lo cantó Carlos Cano
en aquella *Rota oriental*,
dónde están tus calabazas, tus tomates,
tus melones y sandías,
dónde quedó el dulzor de una bahía
[perdida.

Nadie respondió al cantautor
que ya nada es igual.

TÚ caminas descalzo por otras tierras,
riegas la almáciga cada mañana
en ese paraíso donde es mayo en otoño
y el invierno lo vistes del mes de San Juan.

Hoy, la tierra yerma de este lugar
ansía las caricias de tus manos
arañadas por el tiempo y el sol;
tus pausas a la sombra de una higuera
tu cigarro al abrigo del norte
el agua fresca de un pozo sin brocal.

Los bancos de las plazas anhelan tu voz grave,
escuchan los silencios entre tus palabras
que destierran los dogmas
por vestirse con la razón.

Tus amigos ríen a carcajadas con historias
de un pasado sin nostalgia ni melancolía.

Esta mañana, bien temprano,
el cielo ha vuelto a despejarse de nubes
por el viento que no nombro,
en el barbecho de tu ausencia
nunca se abrirán las puertas del olvido.

UN APUNTADOR EN EL FOSO DEL TEATRO

TIENE la mala costumbre de llamar a la puerta
con dos golpes secos, rugientes, en el túnel de la soledad,
de hacer que las bisagras chirríen
como notas musicales sin partitura;
de convertir los caminos de flores
en cunetas donde reposan los restos de un viaje de vuelta.

La conciencia es el vecino incómodo.
Vive en el piso de arriba,
arrastra los muebles a la hora de la siesta;
es el trapecista que coloca un pie delante del otro
y camina sin red a veinte metros de altura.

Este maldito verdugo,
            afilador de la cuchilla de una guillotina,
asoma su cabeza para ejecutar la sentencia.
                                    (¿Equivocada?)

APARENTE DUALIDAD

LOS abrazos en el velatorio
entre coronas de flores mustias.

El amigo que te estrecha la mano
para soltarte al borde del precipicio.

La sonrisa de una Mona Lisa
como la de las hienas que merodean el dolor.

La noche espera al Dr. Jekyll y Mr. Hyde
con el corazón dividido por un amor imposible.

LA TRAVESÍA DE UN POLIZONTE

A mi sombra, por no abandonarme nunca

CAMINA de luto riguroso
sin pisar los adoquines mojados
de la ciudad vieja.

Su huella difusa recorre el tiempo
maniatado a mis pies
en esa esquizofrenia del errante silencioso,
del barruntador de un viento de levante
que salta a media mañana.

Cada día, esta inseparable compañera
se vuelve pasajera indiscreta de mis pasos
en las calles desiertas del verano;
alarga su figura al atardecer
cuando acelero el paso como los nómadas.
Y cuando llega la noche,
se hace polizonte de otra madrugada
bajo la tímida luz de una farola.

Del pasado no puedo escapar
como tampoco huir de ti.
Del futuro es el contorno
donde nos queremos reflejar.

PER-VERSO CON-VERSO

POR culpa de una Virgen sin altar
con su rostro grabado en una medalla
me he convertido en yonqui de esa cruz
que algunos llevan en el cuello.

No existe otro motivo.

Soy un con-verso
con mi fe escondida en la madriguera,
mientras los zorros salen en busca de comida
con los colmillos afilados
por el per-verso escepticismo.

DESPEDIDA DE URGENCIA

LA manera más fácil de huir
es colgar un cartel en la puerta que diga:
Vuelvo en cinco minutos.

MURMULLOS DE UNA CARACOLA

A la memoria de Aylan

YACE tu cuerpo en la orilla.

El mar arrastra el murmullo
de las caracolas en tus oídos.

El mar destierra las conchas
de una infancia proscrita.

La tristeza de la espuma baña tus labios
agrietados por la sal,
acaricia un futuro descosido por el hambre
en ese deseo por encontrar la libertad.

Poseidón devora tu esperanza
ante la mirada distante
de las sombrillas,
en ese lugar que nunca te verá crecer,
reír ni correr detrás de un balón.

El sueño varado sobre la arena mojada.
Ilusiones rotas a la deriva
entre palas, cubos y rastrillos.
Otro naufragio acaba con los restos
flotando entre las algas
como harapos ceñidos a la miseria humana.

Caen los castillos de arena
de manos inocentes olvidadas.
Los pies de los gigantes
miran hacia otro lado,
ellos pisan el destino de una vida
con tan solo tres años.

Calla el sol en el atardecer,
languidece el día entre la bruma del horizonte.
Te marchas en los brazos de un desconocido,
un rostro sin nombre que llora sobre tus ojos
ante la indiferencia de este primer mundo.

Dos orillas se miran en este instante.
Ambas saben de caminos olvidados
donde encontraron la muerte.

NOCHEVIEJA DE 1991

ACABA el año.
Entre voces y gritos, risas y nervios,
escribimos subtítulos al tiempo
pendientes de un reloj,
miramos el calendario
de los meses venideros
y de aquellos otros
que se han marchado.

Termina el año.
Lo hace rodeado de buenos deseos
entre abrazos y besos
envueltos en el celofán de la sinceridad;
lo hace entre cerones de hipocresía
en mensajes de móviles
cubiertos en papel de estraza.

Comienzan las campanadas.
El breve resumen de un instante.
Las miradas perdidas en la distancia
por unos ojos que no saben dónde mirar,
porque más de un ojalá
se lo ha llevado el viento.

Feliz año nuevo.

ANIMALARIO III

La amistad es un estado de conveniencia.

**

La honestidad se desploma en la Bolsa.

**

De mirarse el ombligo también se sale.

**

«Aquí descansan mis cenizas», dijo el último cigarro.

**

Tener un certificado de defunción delante de tus ojos
dice mucho de qué va la vida.

**

La pipa de la paz y fumar mata (contradicciones cotidianas).

**

En los retornos siempre se habla del viaje de ida.

**

Un sepelio para los borradores.

**

Los pájaros en la cabeza dejan las jaulas vacías.

LOS ACTORES DE REPARTO NO APARECEN EN LOS TÍTULOS DE CRÉDITO

Ni Deeper Blue en sus mejores momentos.

En el suelo ajedrezado de la casapuerta
ensayan la última partida:
harán de la apertura española
el comienzo de otra guerra,
enrocarán el rey con la torre
          para salvarlo de sus propias batallas;
sacrificarán a la reina por el alfil
          para que muera a los pies de los caballos.

En el escenario geométrico
el último movimiento vaticina el jaque mate,
estamos ante el final de otra partida.

Pero de nuevo, todos,
          y digo bien,
          todos,
olvidarán a los peones,
defenestrados figurantes de este tablero
donde el poder siempre juega a ganar,
donde acabar en tablas es puro ilusionismo.

BIOGRAFÍA UN PUPITRE

I

Treinta minutos.
            Tictac.
La memoria guarda ese tiempo
como un tiro en la nuca,
una caja de Pandora
a punto de romper el candado.

Quince minutos.
            Tictac.
Una tiza cruje en la pizarra
el garabato de su nombre;
la caricatura de un rostro
dibujado en la puerta del baño,
bajo el epitafio de una burla.

Cinco minutos.
            Tictac.
Teresa camina en círculos por el aula,
apartada de ese muro de Berlín
que separa el odio del amor;
la esperanza navega a la deriva
y naufraga en la orilla del suicidio.

II

El pretérito perfecto no existe.
Es la hora.
El timbre suena como la corneta de rompan filas.
Estallan los gritos, las risas y las carreras.
Los pupitres escuchan en silencio
los lápices callados de las aulas.

Teresa observa a sus alumnos
desde una ventana como James Stewart.
Es la hora del recreo:
un patio de juegos
media hora de libertad.
Ella sonríe.
En un rincón,
las primeras caricias de dos amantes
ignoran lo efímero
del eterno primer amor.

LA DAMA DE NOCHE DE UN CINE DE VERANO

Una noche más
se desnuda con pétalos de azar.
Desabrocha el botón de una camisa de seda
con la etiqueta *Made in China*,
derrama el perfume por su cuello
donde las hienas acuden al olor
y deslizan las mandíbulas hambrientas de deseo
con besos ignorantes de amor.

Otra noche más,
las lechuzas, eternas insomnes,
vigilan la oscuridad
y acechan el miedo en los ojos de ella.
Observan cómo arroja su carne de prostituta
a la miseria de las manos de un extraño,
de los marineros sin tatuajes,
de los americanos con un idioma incomprensible
que fuman tabaco de contrabando.

Otra noche más, abre la cómoda
convertida en trinchera de los recuerdos:
        fotografías ocultas entre las sábanas
        jabones que no sentirán el agua correr
        los sobres con matasellos de 25 pesetas
        las dos entradas del Royal Cinema donde nos besamos
                                                                        nos mordimos
        y descubrimos nuestras bocas.

[Con el caos de las manos imprecisas
perdimos la inocencia.

Llega otro amanecer,
los restos de la madrugada corren por las cañerías
bajo la lluvia que inunda las calles.
Ella acaricia las entrañas de su pasado
en aquella segunda sesión,
con la fragancia de la dama de noche
enredada en las paredes desconchadas
de ese cine de verano.

ALEATORIO

El sonámbulo perdido a medianoche
en un apartamento de una habitación,
mientras sorbe el poso de un café frío.

Una luna llena, asomada al atardecer,
traiciona a las estrellas
en la cuneta de la Vía Láctea.

El *flash* de una cámara réflex
revela el negativo de una fotografía
en blanco y negro.

Una primavera a cinco grados bajo cero
ha dejado a las floristerías
con el cartel de *Se traspasa*.

CINCO CURVAS

El asfalto no arde en este otoño
de hojas secas que rebosan las cunetas.
No quema el alquitrán de esta carretera,
que muda día a día
la piel de una serpiente disfrazada.

Qué destino de interrogantes existe
tras la inmundicia del monóxido de carbono
oculta tras la ciudad sin nombre.
De esa urbe apartada en tierra de nadie,
de nada,
de todo.

Entre aquellas paredes,
su cuerpo envenenado de morfina,
paracetamol y metamizol
busca la esperanza entre restos de resignación.

Aquí acabaron los versos.

La prosa mira de frente ante cinco curvas sin descanso. La primera te levanta el estómago como una montaña rusa y te suelta de las cuerdas de un trapecio en el vértigo de las agujas de un reloj. La segunda te abre como el bisturí de un carnicero. La tercera te hace exhalar el último suspiro, antes de cruzar por aquellas puertas, selladas por las huellas de unas manos deslizadas por el cristal sujetándose a una esperanza perdida en el abismo del miedo. La cuarta te arroja flores de plástico a un vertedero. La quinta... La quinta es una llamada.

La prosa no muere, pero calla.
Se calla.

El tiempo se detiene en las huellas de una frenada.
Los ojos cerrados ven pasar las horas y los días,
esos días en la eterna pregunta de qué día es.

Llega mi relevo con los ojos desnudos
y el seísmo en la voz.
Me despido en este cambio de turno
con la lluvia imperdonable de este otoño
de un octubre sin atardecer.

PASE SIN LLAMAR

No confío en esos lugares
donde cuelgan un cartel que dice
Pase sin llamar.

La muerte espera sentada,
paciente, limándose las uñas,
sonríe al siguiente que entra
en ese mundo de apenas tres palabras.

PEQUEÑOS MUNDOS PARALELOS

I

Has barajado los naipes en buscar del azar
bajo la atenta mirada del *croupier*
que, por las mañanas,
sentado en el banco de un parque,
verás leyendo una carta de desamor.

II

Tras las rejas de aquella cárcel
donde rodaron una película en los años 80
has tallado un títere de madera
de aquel bosque de abedules
que ardió el último verano que nos vimos.

III

Has cosido las redes en aquel muelle
donde los barcos ya no salen a faenar.
Han guardado en bolsas de plástico
los peces de colores,
muertos lentamente en un acuario
de doscientos litros.

IV

Has regresado a la casa donde naciste
de aquella calle sin bares
que han cambiado tres veces de nombre
con el boicot en el reparto de cartas
por el servicio de correos
(el alcalde dice que la culpa la tienen los *emails*).

NANA DE UN GIRASOL

A Carlota, sus ojos azules

Cuando las lágrimas guardaban el otoño
de cigüeñas desterradas
llegaste entre flores de una primavera.

Por venir al mundo,
la luna se asoma cada noche
para escuchar las nanas,
quedar dormida a tu lado
y lavarse la cara cada amanecer.

Por venir al mundo,
dibujo tu nombre en la orilla
de una playa desierta
y levanto un castillo de arena
para proteger cada letra
de las olas del mar.

Por venir al mundo,
el mundo cambió.

LABORES DE LIMPIEZA

NUESTRAS miradas lo dicen todo.

Entre risas, hace algunos años arrojamos nuestro destino al fondo de una fuente de agua. Mezcladas entre otras monedas, abandonamos al designio el deseo de volver a esta ciudad donde perdimos la inocencia. Tal vez, como el azar consiste en dejar los propósitos en manos del tiempo, decidimos que la ilusión permaneciera allí, con el reflejo de la luz del sol en aquellos metales brillantes como doblones de oro del tesoro de un barco hundido. Y antes de marcharnos, entre una muchedumbre hipnotizada por aquella leyenda, nos besamos.

En aquel instante no fuimos conscientes, pero hicimos del futuro un presente.

Años después hemos regresado al mismo lugar. No somos los mismos. La piel tiene sus rasguños. Nuestros rostros, trazados de telarañas, hablan de ese reloj de la vida.

¿Por qué hemos vuelto? No lo sé, pero es evidente que para otros los sueños son una simple mercancía y el destino un objeto de intercambio. Sin embargo, para nosotros es algo distinto. Esta mañana nos hemos reído. Y bien que lo hemos hecho por culpa de operarios municipales que han limpiado el fondo de la fuente y las monedas han desaparecido.

De regreso al hotel, ambos hemos pensado que nunca sabremos si el tiempo ha dejado de jugar a cara o cruz con la moneda que arrojamos a la fuente de los deseos.

Índice

Este libro se terminó de editar en Granada
en abril de 2025 por

Aliarediciones

www.aliarediciones.es
info@aliarediciones.es